Lebenshilfe Heidelberg

Koch·buch

in Leichter Sprache

Die Lebenshilfe Heidelberg e.V. und der Springer-Verlag – Wie passt das zusammen? Ganz einfach:

Simone Groß

Die Lebenshilfe Heidelberg suchte einen Partner mit Know-how bei der Konzeption und dem Druck eines Kochbuchs; der wissenschaftliche Springer-Verlag ist Experte auf dem Gebiet des Publizierens. Zudem bringt sich Springer bei vielen sozialen Projekten ein und ist – mit seinem Heidelberger Standort – ein zuverlässiger Partner vor Ort.

Im gemeinsamen Projekt der Lebenshilfe mit den Auszubildenden des Springer-Verlags ist ein Kochbuch in Leichter Sprache entstanden, das auf beiden Seiten zur Herzensangelegenheit wurde. Die Zusammenarbeit zwischen den Kochneulingen, den Verlags-Azubis und den Verantwortlichen der Lebenshilfe war geprägt von guter Stimmung und Neugier auf allen Seiten: Man traf sich zum gemeinsamen Rezeptesammeln, Probekochen und zum Fotoshooting in der Küche der Lebenshilfe. Dass der Springer-Verlag Kochbücher nicht in seinem Programm hat, tat dem Projekt keinen Abbruch.

Für unsere Auszubildenden war es ein spannendes Projekt, bei dem sie entsprechend ihrer Ausbildungsberufe als Medienkaufleute, Mediengestalter und Kaufleute im Groß- und Außenhandel ihre Kenntnisse selbstständig anwenden und umsetzen konnten: Von der konzeptionellen Planung eines Buches über die Eingabe in den Workflow des

Verlages, das Anfertigen von Fotostrecken, das Layout des Covers bis hin zur anschließenden Vermarktung waren sie mit ihren jeweiligen Fachkenntnissen gefordert. Die Motivation war durch die Praxisnähe sehr groß und das Ergebnis kann sich sehen lassen.

Ziel dieser Publikation ist es, das Kochen (nach Rezept) Schritt für Schritt und durch die Leichte Sprache zugänglich zu machen und mithilfe der zahlreichen Abbildungen die einzelnen Schritte zu veranschaulichen. Genau wie die didaktischen Prinzipien in einer Berufsausbildung, vom Leichten zum Schweren, vom Einfachen zum Komplexen, basiert das Prinzip des Kochbuchs auf dem Erlernen von Basisrezepten bis hin zum Kochen von schwierigeren Gerichten für besondere Anlässe. Und wenn dies am Ende dazu beiträgt, das Leben ein Stück unabhängiger und selbstbestimmter gestalten zu können und möglichst viele Menschen an das Kochen heranzuführen, ist das Herzensprojekt der Azubis aufgegangen.

Simone Groß

HRD Manager Germany

Springer-Verlag Heidelberg

Die Lebenshilfe Heidelberg e.V. und der Springer-Verlag – Wie passt das zusammen? Ganz einfach:

Thomas Diehl

Die große Anzahl an Kochbüchern und Kochshows im Fernsehen lässt es erahnen: Die Beschäftigung mit dem Thema Essen übt eine ungebrochen hohe Faszination aus, die immer mehr Bevölkerungsgruppen erreicht. Und, wie der „Ernährungsreport 2017" zeigt: Schmecken muss es unbedingt, schnell soll es gehen und möglichst günstig soll es sein. Gleichzeitig aber auch gesund und mit vielen regionalen Produkten, verantwortungsvoll und daher gerne auch einmal ohne Fleisch oder vegan.

Es gibt so viele Anforderungen, die heute mit dem Essen verbunden sind, dass es oft gar nicht einfach ist, sich in der riesigen Vielfalt an Möglichkeiten zurechtzufinden. Das gilt noch viel mehr für Menschen mit Lernschwierigkeiten bzw. einer geistigen Behinderung.

Ist es für diese überhaupt wichtig, selbst zu kochen? Ja, unbedingt, meinen wir! Weil Essen mehr ist als Nahrungsaufnahme, weil es Spaß macht, weil hierzu auch das Einkaufen und Kochen gehören und weil Kochen Geselligkeit bedeutet. Immer mehr Menschen mit Behinderung lassen sich von der Kochleidenschaft anstecken und der Wunsch nach einem selbstbestimmten Leben hat den diesbezüglichen Unterstützungsbedarf in den letzten Jahren erheblich ansteigen lassen.

Gemeinsam mit dem Springer-Verlag haben wir uns daher auf den Weg gemacht, ein verständliches und anspruchsvolles Kochbuch in Leichter Sprache zu schaffen, das schön und anregend ist, ohne Klischees auskommt und keine Kopie eines Kochbuchs für Kinder ist.

Zusammen mit Auszubildenden des Springer-Verlags wurden die Gerichte geplant, verkostet und bewertet. Unser Projektpartner, der durch Frau Geisser vertretene Bioladen fair&quer, stand uns hierbei wunderbar beratend zur Seite. Beim Sammeln der Rezepte, beim Kochen, beim Fotoshooting und nicht zuletzt beim gemeinsamen Essen kamen sich alle Beteiligten näher.
So wurde aus dem Buchprojekt viel mehr, nämlich ein Ort des Lernens und der Begegnung von Menschen mit und ohne Behinderung.

Lassen auch Sie sich inspirieren von den zehn leckeren Rezepten, die es in die Endauswahl geschafft haben – mit Infotexten zur Nachhaltigkeit und präzisen Anleitungen. Dank des Springer-Verlags toll konzipiert und attraktiv gestaltet und vom Projektleiter Steffen Schwab bestens in Leichter Sprache umgesetzt.

Herzlichen Dank an alle Mitwirkenden und wir hoffen, dass dieses Buch seinen kochbegeisterten Lesern und Nutzern genauso viel Freude bereitet wie uns.

Thomas Diehl

Vorstand Lebenshilfe Heidelberg e.V.

„Kochen ist einfach und macht Spaß!"

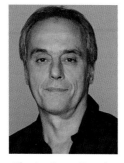

Christian Rach

Mein altes Motto:

Am ersten Tag meiner Ausbildung
bekam ich von meinem Freund
und Lehrmeister ein Kochbuch
geschenkt.

Auf der ersten Seite schrieb er:
„Kochen ist einfach und macht Spaß!"
Dieser Satz begleitet mich mein Leben lang
und hat sich als so richtig bewahrheitet.

Ich benutze ihn häufigst mit einer kleinen Ergänzung:
„Kochen ist einfach und macht Spaß, wenn man es kann!
Also ran ans Lesen und Ausprobieren."

Wenn man liest und probiert, schafft man
für sich selbst unglaubliche Erfolgsmomente
und großes Glück auf der Zunge.

Inhalts·verzeichnis

Gesund Essen

Wer gesundes Essen isst,
bleibt länger gesund.

Gesundes Essen ist zum Beispiel:
- frisches Obst und Gemüse
- Voll•korn•brot
- Salat

Das ist gut für Ihren Körper.
Davon können Sie sich satt essen.

Schlechtes Essen ist zum Beispiel:
- Süßigkeiten
- sehr fettiges Essen
  zum Beispiel: Hamburger,
  Pommes, Chips oder
  viel Fleisch.

Man muss nicht jeden Tag
Fleisch und Wurst essen.
Das ist gut für die Figur.
Und das ist gut für die Umwelt.

Trinken Sie genug gesunde Getränke.

Gesunde Getränke sind:
- Wasser
- Tee ohne Zucker

Diese Getränke sind gut für Ihren Körper.
Sie können viel davon trinken.
Ein Erwachsener soll 1 bis 2 Liter
am Tag trinken.
Das sind 1 bis 2 große Flaschen.
Schlechte Getränke sind:
- Limonade
- Cola
- Säfte mit Zucker
- Und Alkohol
  Zum Beispiel:
  Bier, Wein oder Schnaps.

Diese Getränke nur selten trinken.
Zucker und Alkohol sind schlecht
für den Körper.

Gemüse·pfanne

Gemüse·pfanne
Zutaten und Hilfs·mittel

Zutaten:

4 Personen

2 Tassen Reis
Gemüse
(gerne auch mal anderes
Gemüse probieren):
Zum Beispiel
Zucchini
Aubergine
Paprika
Pilze
Zwiebel
Mais
Kidney·bohnen
1 Ess·löffel Tomaten·mark
1 Ess·löffel Öl
1 Ess·löffel Gemüse·brühe
1 Tee·löffel Salz
1 Tee·löffel Pfeffer
1 Tee·löffel Paprika·pulver sü
1 Tee·löffel Knoblauch·pulve
1 Dose gehackte Tomaten

Schneide·brett und Messer

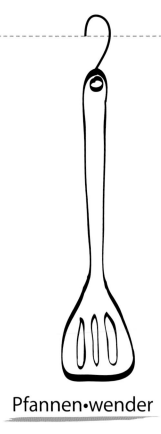

Pfannen·wender

Ess·löffel

Tee·löffel

große Pfanne

Zubereitung
Vorarbeiten

Schritt 1

Das Gemüse in kleine Stücke schneiden.

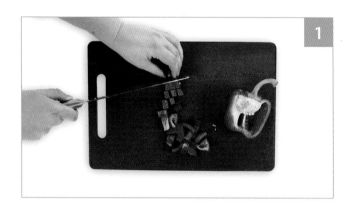

Schritt 2

Öl in die Pfanne.

Schritt 3

Herd auf **volle Hitze**.

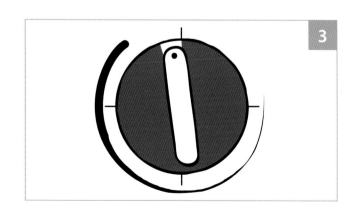

Schritt 4

Gemüse dazu•geben. **Nicht** das Dosen•gemüse wie Mais, gehackte Tomaten oder Kidney•bohnen.

Schritt 5

1 Ess•löffel **Tomaten•mark** dazu•geben.

Schritt 6

Bei **voller Hitze** anbraten bis erste braune Stellen zu sehen sind.

Schritt 7

Reis dazu•geben.
Pro Person 1 halbe Tasse Reis,
1 halbe Tasse Wasser.

Schritt 8

Dazu•geben:

- Knoblauch•pulver, Paprika•pulver
- Salz und Pfeffer, Gemüse•brühe
- Dosen•gemüse wie Mais, gehackte Tomaten oder Kidney•bohnen

Schritt 9

Bei **halber Hitze** umrühren bis das ganze Wasser verkocht ist.

Reis und Gemüse **leicht anbraten**, aber **nicht anbrennen** lassen.

Schritt 10

Fertig.

Tipp: Hier können auch gerne Fleisch und Wurst•reste aufgebraucht werden und mit in die Pfanne gegeben werden.

Salat mit Schupf•nudeln und Orange

Salat mit Schupf•nudeln und Orange

Zutaten und Hilfs•mittel

Zutaten:

4 Personen

40 g Butter

400 g Schupf•nudeln

1 Kopf Eisberg Salat

4 Tomaten

1 Paprika

1 Dose Mais

1 Orange

3 Tee•löffel Senf

1 Tee•löffel Honig

4 Ess•löffel dunkler Balsamico Essig

2 Ess•löffel Öl

4 Ess•löffel Wasser

1 Messer•spitze Salz

1 Messer•spitze Pfeffer

Pfannen•wender

Schneide•brett und Messer

Tasse

Pfanne

Ess•löffel

Tee•löffel

Sieb

Schüssel

Zubereitung
Abschnitt A – Schupf•nudeln braten

Schritt 1

40 g Butter in eine **Pfanne**.

Schritt 2

Herd auf ¾ **Hitze**.

Tipp: Als aller•erstes immer Hände waschen.

Schritt 3

Schupf•nudeln in die Pfanne geben und immer wieder **wenden**.

Schritt 4

Bis die Schupf•nudeln schön **braun angebraten** sind.
Dann zum Abkühlen **zur Seite stellen**.

Zubereitung
Abschnitt B – Gemüse schneiden

Schritt 5

Salat in Streifen schneiden.

Schritt 6

Tomaten in Scheiben schneiden und Paprika in kleine Stücke schneiden.

Schritt 7

Die Flüssigkeit vom Mais abgießen.

Zubereitung
Abschnitt C – Orangen•stücke schneiden

Schritt 8

Orange **oben und unten abschneiden**, dass eine gerade Fläche entsteht, auf der sie steht.

Schritt 9

Mit dem Messer **von oben nach unten** die **Schale abschneiden**.

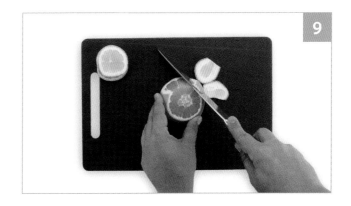

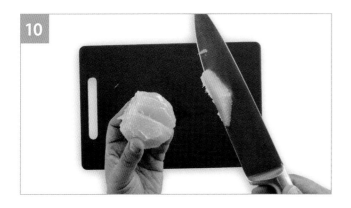

Schritt 10

Jetzt immer **knapp neben** den **Rändern** von den **Orangen•schnitzen** schräg einschneiden, so dass das reine Frucht•fleisch herausfällt. Die **Frucht•fleisch•stücke aufheben**. Die Schalen•reste wegwerfen.

Zubereitung
Abschnitt D – Dressing machen

Schritt 11

4 Ess•löffel dunklen Balsamico Essig
in die Tasse geben und
2 Ess•löffel Öl in die Tasse geben.

Schritt 12

3 Tee•löffel Senf in eine Tasse geben
und 1 Tee•löffel Honig in die Tasse
geben.

Schritt 13

4 Ess•löffel Wasser in die Tasse geben
und alles gut verrühren.

Schritt 14

Alle Zutaten in eine Schüssel geben.

Schritt 15

Dressing in die Schüssel geben.

Schritt 16

Alles gut vermischen.

Fertig.

Ingwer

Ingwer ist eine Wurzel.
Es ist schwer zu beschreiben, wie
Ingwer schmeckt: frisch, scharf,
würzig, zitronig-bitter.
Sein besonderer Geschmack macht
auch unsere Suppe besonders.

Die Suppe schmeckt frisch.
Dadurch kann man die Suppe
auch gut an heißen Tagen essen.
Aber nicht nur der Geschmack ist toll.

Ingwer ist sehr gesund.
Ingwer schmeckt scharf.
Wer Ingwer isst, merkt das schnell.
Es wird einem warm. Darum schmeckt
die Suppe auch im Winter.

Ingwer hilft zum Beispiel auch bei
Magen•schmerzen und Übelkeit.
Ingwer hilft auch gegen Erkältungen.

Aber Vorsicht:
Schwangere sollten keinen Ingwer essen.

Es gibt Ingwer als frische Wurzel
oder als getrocknetes Pulver.

Das Pulver ist etwas schärfer
als frischer Ingwer.
Frischer Ingwer ist fest und hat
eine zarte Haut. Alter Ingwer ist
runzlig und weich. Den sollte man
nicht mehr kaufen.

Die meisten Wirk•stoffe sind direkt
unter der Schale. Darum den Ingwer
möglichst dünn schälen.

Im Kühl•schrank hält Ingwer bis
zu 3 Wochen.
Den Ingwer in ein Stück Küchen•rolle
einwickeln. Dann in eine Papier•tüte
stecken. Luft aus der Tüte lassen.
Tüte gut verschließen. Dann kommt
die Tüte ins Gemüse•fach vom
Kühl•schrank.

Wo das Gemüse•fach ist,
steht auf Seite 114
in diesem Buch.

Karotten-Orangen-Suppe

mit Ingwer

Karotten-Orangen-Suppe mit Ingwer

Zutaten und Hilfs•mittel

Zutaten: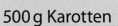

4 Personen

500 g Karotten

20 g Ingwer

1 Zwiebel

200 ml Orangen•saft

1 Liter Gemüse•brühe

100 g Schmand oder Creme Fraîche

1 Tee•löffel Salz

1 halber Tee•löffel Pfeffer

1 Tee•löffel Knoblauch•pulver

1 Esslöffel Öl

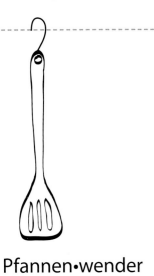

Pfannen•wender

Schäl•messer

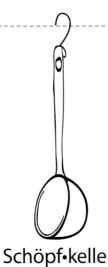

Schöpf•kelle

Tee•löffel

Schneide•brett und Messer

Mess•becher

Topf

Pfanne

Zubereitung
Abschnitt A – Vorarbeit

Schritt 1

Schälen:

- Zwiebeln
- Karotten
- Ingwer

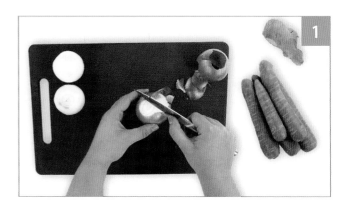

Schritt 2

In kleine Stücke schneiden:

- Zwiebeln
- Karotten
- Ingwer

Schritt 3

1 Liter Gemüse•brühe nach Anleitung auf der Packung kochen.

Schritt 4

Ess•löffel Öl in eine **Pfanne** geben.

Schritt 5

Herd auf **volle Hitze**.

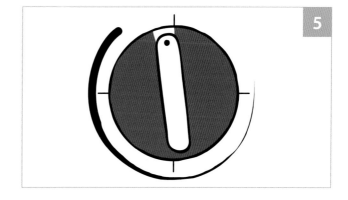

Schritt 6

Zwiebeln in die Pfanne geben.

Schritt 7

Karotten in die Pfanne geben.

Schritt 8

Herd auf **3/4 Hitze**.
Immer wieder **umrühren**.
10 Minuten lang.

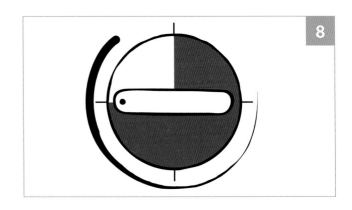

Schritt 9

Alles **aus der Pfanne in den Topf**
mit der Gemüse•brühe kippen.

Schritt 10

Knoblauch dazu•geben.

Schritt 11

Orangen•saft dazu•geben.

Schritt 12

Ingwer dazu•geben.

Schritt 13

Herd auf **volle Hitze**.

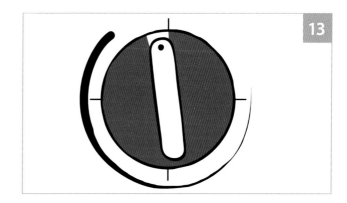

Schritt 14

Wenn es kocht und **blubbert**,
auf **halbe Hitze** stellen.

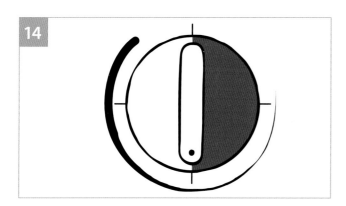

Schritt 15

20 Minuten so lassen und immer wieder **umrühren**.

Zubereitung
Abschnitt C – Mixen

Schritt 16

Mit dem **Stab•mixer** alles gut mixen.

Tipp: Einen Topf mit kleiner Fläche und hohem Rand benutzen. Dann spritzt es nachher nicht so mit dem Stab•mixer.

Schritt 17

100 g **Creme Fraîche** dazu•geben.

Schritt 18

Salz und **Pfeffer** dazu•geben.

Schritt 19

Umrühren.

Schritt 20

Fertig.

Neben den Bio-Logos gibt es noch mehr Logos für nachhaltiges Essen.

Nachhaltig bedeutet, dass man mit der Umwelt verantwortungsvoll umgeht. Nachhaltig bedeutet, dass man die Natur nicht ausbeutet.

MSC-Logo

Das MSC-Logo ist ein Zeichen für nachhaltigen Fisch•fang.   Bedrohte Bei nachhaltigem Fisch•fang wird nur eine bestimmte Menge Fische gefangen. So bleiben genug Fische im Meer, damit neue Fische nachwachsen können. Bedrohte Arten werden nicht gefangen. Man findet es inzwischen auf vielen Fisch-Produkten im Super•markt.

Fairer Handel

Fairer Handel bedeutet, dass die Bauern in armen Ländern nicht ausgebeutet werden.
Kaffee wird zum Beispiel in Süd•amerika oder Afrika angebaut. Große Firmen zahlen den Bauern dort oft nur wenig Geld. Das Geld reicht oft nicht zum überleben.
Firmen wie Fairtrade oder UTZ haben Regeln, dass die Bauern anständig bezahlt werden.

Dafür gibt es verschiedene Logos:

Das Fairtrade-Logo oder das UTZ-Logo für Kaffee oder Schokolade sieht man oft im Super•markt.

Das Siegel für Fairen Handel

Linsen•eintopf

Linsen·eintopf
Zutaten und Hilfs·mittel

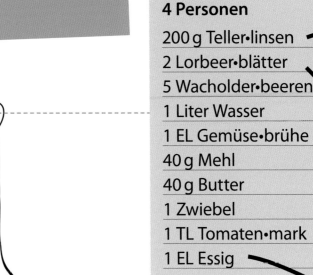

Zutaten:

4 Personen

200 g Teller·linsen
2 Lorbeer·blätter
5 Wacholder·beeren
1 Liter Wasser
1 EL Gemüse·brühe
40 g Mehl
40 g Butter
1 Zwiebel
1 TL Tomaten·mark
1 EL Essig

Schnee·besen

Koch·löffel

Ess·löffel

Tee·löffel

Schneide·brett
und Messer

Schüssel

Sieb

Großer Topf mit Deckel

Zubereitung
Abschnitt A – Vorarbeit

Schritt 1

Zwiebel klein schneiden.

Schritt 2

200 g Linsen, 5 **Wacholder•beeren** und **2 Lorbeer•blätter** in 1 Liter Wasser im Topf geben.

Schritt 3

Deckel auf den Topf.

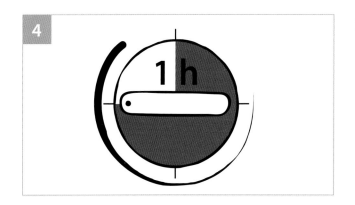

Schritt 4

1 Stunde bei ¾ Hitze **kochen**.

Schritt 5

Alles durch ein **Sieb in eine Schüssel** schütten.

Schritt 6

Inhalt von **Sieb und Schüssel aufheben**.

Zubereitung
Abschnitt B – Kochen

Schritt 7

40 g **Butter** in einen Topf.

Schritt 8

Herd auf 3/4 Hitze.
Alles gut **umrühren.**

Schritt 9

40 g **Mehl** durch ein Sieb **in den Topf geben**.

Schritt 10

Umrühren bis beides eine gelb-braune **Masse** geworden ist.

Schritt 11

Zwiebel dazu•geben und noch kurz anbraten.

Schritt 12

Die **Brühe** aus der Schüssel dazu•geben.

Schritt 13

1 Ess•löffel **Gemüse•brühe** als Pulver dazu•geben.

Schritt 14

1 Tee•löffel **Tomaten•mark** dazu•geben.

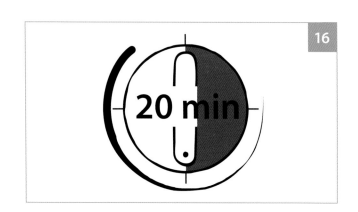

Schritt 15

1 Ess•löffel **Essig** dazu•geben.

Schritt 16

Die Soße **20 Minuten bei halber Hitze** kochen.

Schritt 17

Danach die **Linsen** dazu•geben.

Schritt 18

15 Minuten bei 1/4 Hitze kochen.

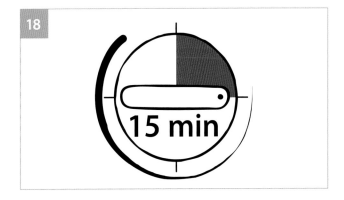

Schritt 19

Dazu passen gut die selbst•gemachten Spätzle von Seite 58 und Wiener Würstchen.

Fertig.

Eier

Eier sind verschieden.
Manche sind braun, manche sind weiß.
Aber die Eier schmecken immer gleich.
Aber es gibt Unterschiede wie die Eier gemacht werden.

Auf den Packungen steht, wie die Hühner leben, die die Eier legen:
- Eier aus Frei·land·haltung.
- Eier aus Boden·haltung.
- Eier aus Käfig·haltung.

Bei Käfig·haltung leben die Hühner in einem Käfig. Die Käfige werden oft gestapelt und automatisch geputzt. Die Hühner haben wenig Platz, nicht einmal so viel wie ein Blatt Papier. Darum sind die Eier billig.

Bei Boden·haltung leben alle Hühner zusammen in einem Stall.
Sie können herum·laufen.
Sehen jedoch niemals Tageslicht.
Das braucht mehr Platz.
Darum sind die Eier etwas teurer.

Bei Frei·landhaltung sind die Hühner auch in einem Stall.
Sie können aber auch ins Freie gehen.
Sie haben noch mehr Platz und streiten sich weniger. Soviel Platz kostet auch wieder mehr Geld. Aber für die Hühner ist das besser.

Es gibt auch noch Bio·eier.
Da leben die Hühner wie in der Frei·land·haltung. Sie haben im Stall mehr Platz und können ins Freie.

Das Kürzen von Schnäbeln ist verboten und bekommen auch besonders gutes Bio·futter. Sie bekommen Medikamente nur, wenn sie wirklich krank sind. Tier·schützer empfehlen Frei·land·eier oder Bio·eier zu kaufen.

Pfann•kuchen

Pfann·kuchen
Zutaten und Hilfs·mittel

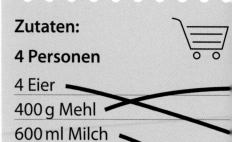

Zutaten:

4 Personen

4 Eier

400 g Mehl

600 ml Milch

1/2 Tee·löffel Salz

1 Glas Sprudel·wasser

1 Ess·löffel Pflanzen·öl

Schnee·besen

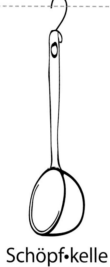

Schöpf·kelle

Pfannen·wender

Glas

Tee·löffel

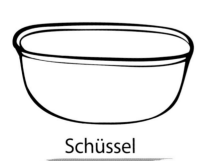

Schüssel

Pfanne

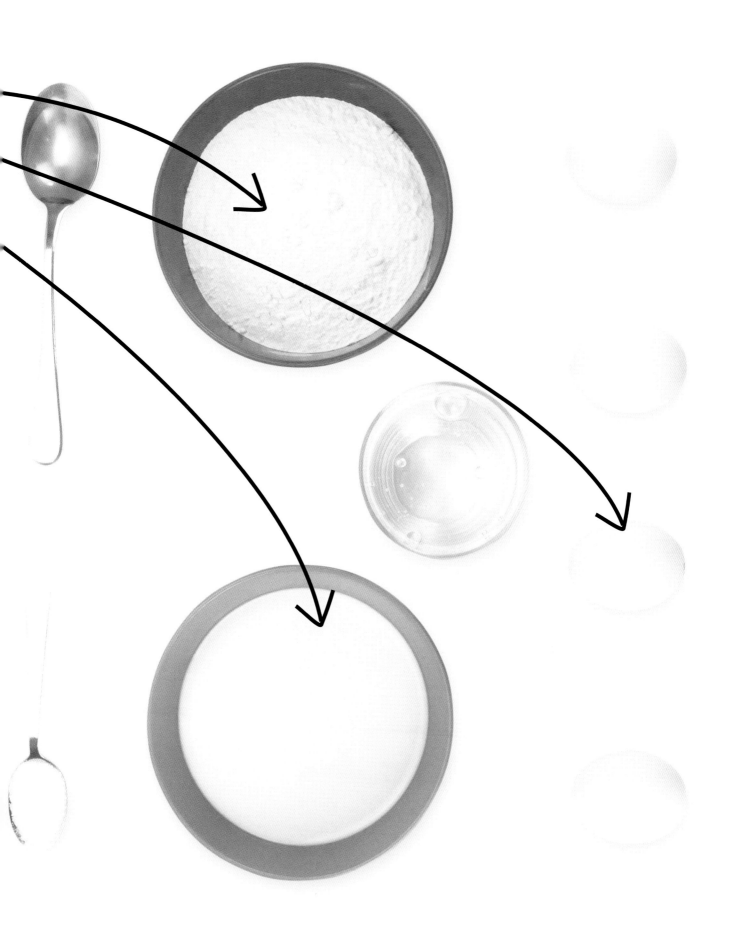

Zubereitung
Abschnitt A – Teig machen

Schritt 1

In eine **Rühr•schüssel** geben:

- 4 Eier
- 600 ml Milch
- 1/2 Tee•löffel Salz
- 400 g Mehl

Schritt 2

Alles gut mit einem
Schnee•besen verrühren.

Schritt 3

Dann das Glas **Sprudel•wasser**
dazu•geben und leicht **verrühren**.

Schritt 4

1 Ess·löffel Öl in die Pfanne geben.
Vor jedem Pfann·kuchen 1 Ess·löffel Öl.

Schritt 5

Herd auf ¾ **Hitze.**

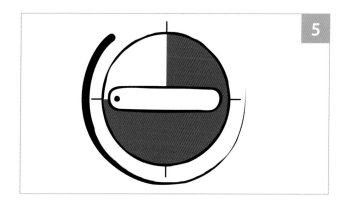

Schritt 6

1 Schöpf•kelle mit Teig in die Mitte
der Pfanne geben.

7

Schritt 7

Pfanne leicht hin und her **schwenken**, damit sich der **Teig überall verteilt.**

Schritt 8

Wenn **kein flüssiger Teig** mehr zu sehen ist, den Pfann•kuchen mit dem Pfannen•wender **wenden.**

8

9

Schritt 9

Kurz anbraten lassen, dann den Pfann•kuchen mit dem Pfannen•wender aus der **Pfanne nehmen.**

Schritt 10

Wieder bei **Schritt 5** anfangen, **bis der Teig aufgebraucht** ist.

10

Fertig.

Käse•spätzle

Käse•spätzle
Zutaten und Hilfs•mittel

Zutaten:

4 Personen

400 g Weizen•mehl

4 Eier

200 ml Sprudel•wasser

1 Teelöffel Salz

1 Ess•löffel Salz

200 g geriebenen Emmentaler

1 Zwiebel

50 g Butter

Pfannen•wender

Koch•löffel

Schaum•löffel

Schnee•besen

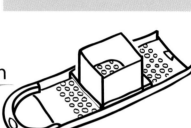

Spätzle•hobel

Ess•löffel

Tee•löffel

Schneide•brett und Messer

Pfanne

Topf

Rühr•schüssel

Schüssel

Sieb

Mess•becher

Zubereitung
Abschnitt A – Vorarbeit

Schritt 1

Die **Zwiebel schälen**.

Schritt 2

Zwiebel in Ringe schneiden.

Schritt 3

50 g Butter in eine **Pfanne**.

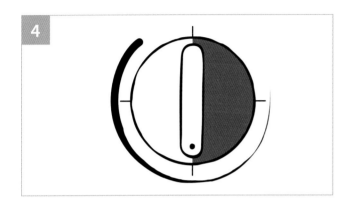

Schritt 4

Herd auf bei **mittlere Hitze**.

Schritt 5

Wenn die Butter geschmolzen ist, die **Zwiebel** dazu geben.

Schritt 6

Immer wieder **umrühren** bis die **Zwiebeln gold•braun** sind.

Zubereitung
Abschnitt B – Spätzle selber machen

Schritt 7

In eine Schüssel geben:

- 4 Eier
- 200 ml Sprudel•wasser
- 400 g Weizen•mehl durch das Sieb
- ½ Tee•löffel Salz

Schritt 8

Alles in der Schüssel **umrühren**, bis der **Teig gleichmäßig** aussieht.

Schritt 9

Den Teig **10 Minuten zu Seite** stellen.

Schritt 10

Den **Topf** zu ¾ **mit Wasser** füllen.

Schritt 11

1 Esslöffel Salz in das Wasser.

Schritt 12

Herd auf **volle Hitze**.

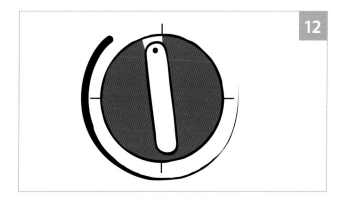

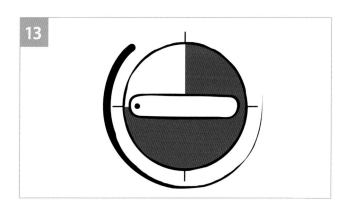

Schritt 13

Wenn das Wasser **kocht**,
Herd auf ¾ **Hitze**.

Schritt 14

Einen Teil vom **Spätzle•teig** nehmen, ungefähr so **groß wie eine Mandarine**.

Schritt 15

Den Teig durch den **Spätzle•hobel** in das Wasser schaben.

Schritt 16

Wenn die Spätzle **oben schwimmen**, mit einem **Schaum•löffel vorsichtig herausnehmen**.

Schritt 17

Die Spätzle **in eine Schüssel** füllen.

Schritt 18

Jede Schicht Spätzle **mit geriebenem Käse** bestreuen.

Schritt 19

Dann die nächsten Spätzle durch den Hobel in den Topf schaben.

Schritt 20

Wenn der ganze **Teig aufgebraucht** ist, die **Zwiebeln oben drauf** geben.

Fertig.

Pastinaken

Viele Leser von diesem Koch•buch
haben wahrscheinlich noch nie
Pastinaken gekauft.
Viele kennen dieses Gemüse nicht.
Früher hat man oft Pastinaken gegessen.
Pastinaken schmecken ein bisschen wie
Karotten und leicht zitronig-frisch.
Darum passen sie auch sehr gut zu
unserem Zitronen•hähnchen.

Pastinaken sind gut bekömmlich.
Darum sind sie auch oft in Baby•nahrung.

Aus Pastinaken macht man oft Püree
oder Suppen. Oder Ofen•gemüse, wie bei
unseren Zitronen•hähnchen.

Beim Einkaufen aber aufpassen:
Pastinaken sehen der Petersilien•wurzel
sehr ähnlich. Petersilien•wurzeln
schmecken aber nicht so mild wie
Pastinaken.
Je dicker Pastinaken sind, desto
weicher ist ihr Frucht•fleisch.
Pastinaken werden ab September
geerntet und haben den ganzen
Winter über Saison.
Pastinaken trocknen leicht aus.
Lagern Sie Pastinaken kühl und trocken,
dann halten sie einige Wochen.

Zitronen•hähnchen

Zitronen•hähnchen
Zutaten und Hilfs•mittel

Zutaten:

4 Personen

6–8 Hähnchen•teile
(Beine, Flügel, Brust)

2 Zitronen

4 Rosmarin•zweige

4 Pastinaken

1 kg Kartoffeln (fest•kochenc

4 Karotten

2 Tee•löffel Honig

2 Tee•löffel Paprika•pulver
(süß)

1/2 Tee•löffel Pfeffer

1 Tee•löffel Salz

1 Tee•löffel Knoblauch•pulve
(granuliert)

2 Schnaps•gläser Olivenöl

Schneide•brett
und Messer

Tee•löffel

Schnaps•glas

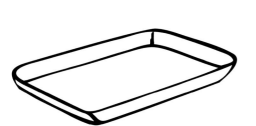

Back•blech

Schäl•messer

Back•papier

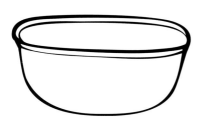

Schüssel

Plastik•beutel (Müll•tüte)

64

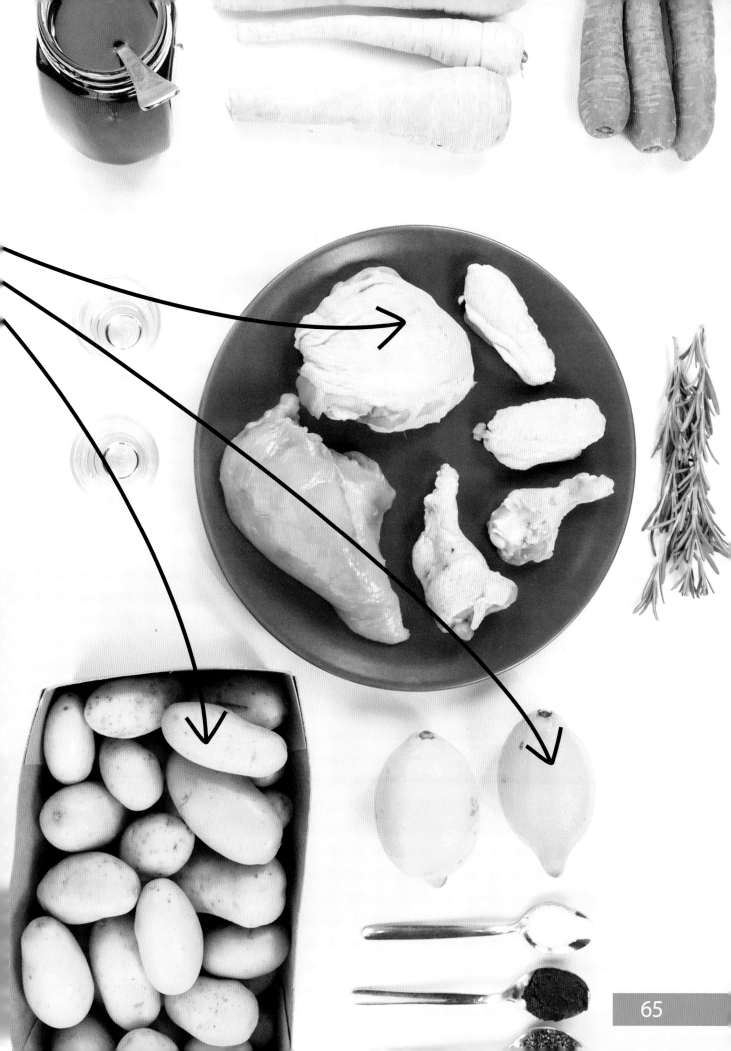

Zubereitung
Abschnitt A – Vorarbeit

Schritt 1

Pastinaken mit dem Schäl•messer **schälen**.

Schritt 2

Pastinaken in Stücke **schneiden**.
Die Stücke sollten so groß und lang wie der kleine Finger sein.

Schritt 3

Karotten mit dem Schäl•messer **schälen**.

Schritt 4

Karotten in Stücke **schneiden**.
Die Stücke sollten so groß und lang
wie der kleine Finger sein.

Schritt 5

Die **Kartoffeln waschen** und **halbieren**.
Die halben Kartoffeln **nochmal
halbieren**.

Schritt 6

Zitronen in **Scheiben** schneiden.

Schritt 7

Die **Hähnchen•teile** mit klarem
Wasser **abwaschen** und mit
Küchen•rolle **trocken tupfen**.

Zubereitung
Abschnitt B – Würzen

Schritt 8

Plastik•beutel nehmen und hineintun:
- Hähnchen•teile, Karotten, Pastinaken
- 2 Tee•löffel Honig, 2 Tee•löffel Paprika•pulver (süß)
- 1/2 Tee•löffel Pfeffer, 1 Tee•löffel Salz
- 1 Tee•löffel Knoblauch•pulver (granuliert)
- 2 Schnaps•gläser Oliven•öl

Schritt 9

Der Beutel muss natürlich neu und sauber sein.

Den Beutel gut **wasser•dicht** verschließen.

Schritt 10

Alles im **Beutel gut mischen** und hin und her schieben.

Zubereitung
Abschnitt C – Ab in den Ofen

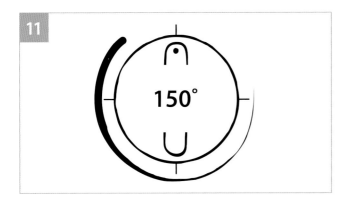

Schritt 11

Ofen auf **150 Grad** vorheizen.

Schritt 12

Back•blech mit **Back•papier** auslegen.

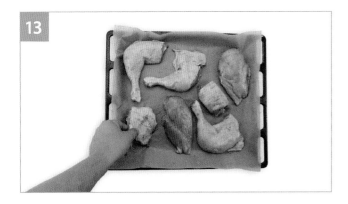

Schritt 13

Die **Hähnchen•teile** aus dem Beutel nehmen und **auf das Back•blech** legen. Mit der Haut nach oben.

Schritt 14

Auf jedes **Hähnchen•teil eine Zitronen•scheibe** legen.

Schritt 15

Dann das Gemüse aus dem Beutel holen.

Das **Gemüse zwischen die Hähnchen•teile** verteilen.

Schritt 16

4 **Rosmarin•zweige** auf dem Blech verteilen.

Schritt 17

Etwa **1 Stunde** in den Ofen, am besten bei **Umluft**, bis Gemüse und Hähnchen **gut gebräunt** sind.

Fertig.

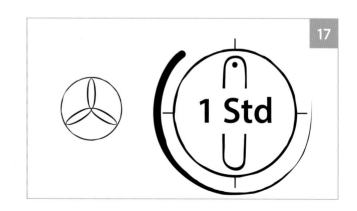

1 Std

Blumen·kohl·auflauf

Blumen·kohl·auflauf
Zutaten und Hilfs·mittel

Zutaten: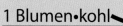

4 Personen

1 Blumen·kohl
800 g Kartoffeln
200 g Koch·schinken
1 Ess·löffel Butter
1 Ess·löffel Mehl
100 g Reibe·käse
100 g Sahne-Schmelzkäse
1 Tee·löffel Salz
1/2 Tee·löffel Pfeffer
1 Messer·spitze Muskat
2 Ess·löffel Salz

Schaum·löffel

Koch·löffel

Schnee·besen

Schneide·brett
und Messer

Topf

Schäl·messer

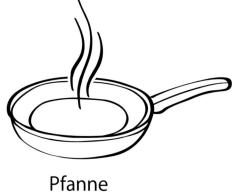

Pfanne

Ess·löffel

Mess·becher

Zubereitung
Abschnitt A – Vorarbeit

Schritt 1

Die **Unterseite** vom **Blumen•kohl**
abschneiden und alle Blätter entfernen.

Schritt 2

Den **Blumen•kohl** in kleine „Bäumchen"
aufbrechen. Die „Bäumchen" nennt
man auch „Rös•chen".

Schritt 3

Den Koch•schinken in **kleine Stücke**
schneiden.

Schritt 4

Kartoffeln mit dem Schäl•messer **schälen**.

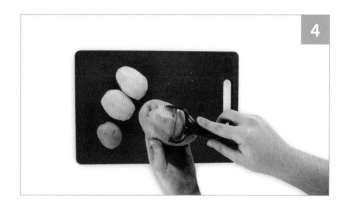

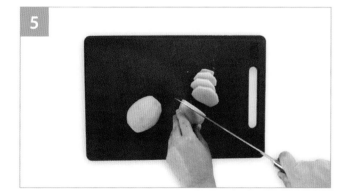

Schritt 5

Kartoffeln in **Scheiben schneiden**.

Zubereitung
Abschnitt B – Blumen•kohl kochen

Schritt 6

Topf zu ¾ mit Wasser füllen.

Schritt 7

1 Ess•löffel Salz dazu•geben.

Schritt 8

Herd auf **volle Hitze**.

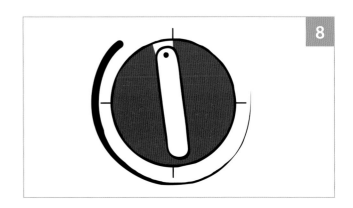

Schritt 9

Wenn das Wasser kocht, den Blumen•kohl
auf einen Schaum•löffel legen.
Mit dem Schaum•löffel den Blumenkohl
ins Wasser geben.

Schritt 10

Den Blumen•kohl ungefähr 1 Minute
im Wasser lassen.

Schritt 11

Den Blumen•kohl aus dem
Wasser holen.

Zubereitung
Abschnitt C – Kartoffeln kochen

Schritt 12

Topf zu ¾ mit Wasser füllen.

Schritt 13

1 Ess•löffel Salz dazu•geben.

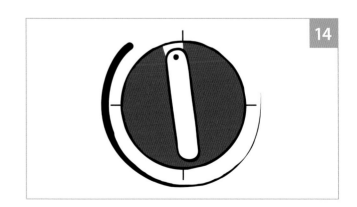

Schritt 14

Herd auf **volle Hitze**.

Schritt 15

Kartoffel•scheiben in den Topf geben.

Schritt 16

Herd auf 3/4 Hitze. 10 Minuten kochen.

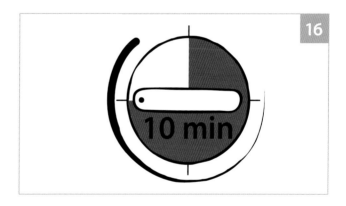

10 min

Tipp: Wenn das Wasser überkocht:
Topf kurz von der Herd•platte nehmen.
Hitze runterdrehen. Und auf den Schaum pusten.

Zubereitung
Abschnitt D – Soße vorbereiten

Schritt 17

Die Butter im kleinen Topf schmelzen.

Schritt 18

Herd auf ½ Hitze.

Schritt 19

Dann das Mehl dazu•geben.

Schritt 20

Alles mit dem Schnee•besen verrühren.

Schritt 21

Dann die Milch dazu•geben.

Schritt 22

Den Schmelzkäse mit einem Tee•löffel dazu•geben und schmelzen lassen.

Schritt 23

Dann die Gewürze dazu•geben:
- 1 Tee•löffel Salz
- 1/2 Tee•löffel Pfeffer
- 1 Messer•spitze Muskat

Schritt 24

Alles gut umrühren.

Schritt 25

Zuletzt den Schinken in die Soße geben.
15 Minuten bei geringer Hitze kochen.

Zubereitung
Abschnitt E – In die Form

Schritt 27

Den Blumen•kohl mit den Kartoffeln mischen und in eine Auflauf•form geben.

Schritt 28

Die Soße aus dem kleinen Topf darüber gießen.

Schritt 29

Und das Ganze mit Käse bestreuen.

Zubereitung
Abschnitt E – Im Ofen

Schritt 30

Im Ofen bei 180° (Umluft 160°)
30 Minuten backen.

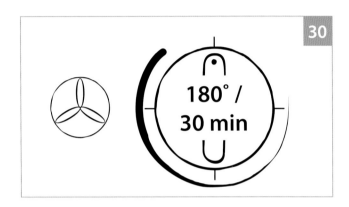

Schritt 31

Der Käse sollte leicht braune
Spitzen haben.

Fertig.

Es gibt viele verschiedene Bio-logos.
Man nennt sie auch Güte•siegel.

Damit man die Güte•siegel benutzen darf,
muss man Regeln beachten.
Fast alle Zutaten müssen Bio-Zutaten sein.
Es dürfen keine gen•technisch veränderte
Zutaten rein.
Das heißt, dass Wissenschaftler das
Erbgut der Pflanze verändern. Die Pflanze
soll dann besser wachsen und weniger
krank werden. Niemand weiß, was
passiert wenn man regelmäßig solche
Pflanzen isst. Niemand weiß, was mit der
Umwelt passiert, wenn solche neuen
Pflanzen wachsen. Darum soll in
Bio-Lebensmitteln keine Gen•technik sein.

Bei Bioland ist alles Bio.
Für Bioland dürfen keine gen•technisch
veränderten Zutaten rein.
Bioland ist ein eingetragenenes
Markenzeichen.
Das heißt, man darf es nicht ohne die
Erlaubnis von Bioland benutzen.

An diesen Zeichen erkennt man
zum Beispiel Bio-Lebensmittel:

- Bio-Siegel der EU

- Deutsches Biosiegel

Es gibt noch viele andere Güte•siegel. Das hier sind die Bekanntesten.

Bio-Fleisch oder normales Fleisch

Wie bei den Hühnern werden die Tiere für Fleisch unterschiedlich gehalten.
In der Massen·tier·haltung leben viele Tiere auf wenig Raum. Die Tiere bekommen spezielles Futter um schnell zu wachsen. Oft bekommen sie Medikamente um bei der Enge nicht krank zu werden. Dieses Fleisch wird dann billig im Supermarkt verkauft.

Es geht aber auch anders: Bio-Fleisch.
Für Bio-Fleisch leben die Tiere in sogenannter art·gerechter Haltung.
Die Tiere haben zum Beispiel geräumige, helle Ställe und können ins Freie.

Die Tiere haben ein gutes Leben und bekommen normales Futter. Die Tiere wachsen langsam. Das gibt weniger Fleisch und dauert länger. Darum ist Bio-Fleisch teurer. Vielen Menschen schmeckt das Bio-Fleisch aber auch besser.

Wenn das Fleisch mehr kostet, kann man nicht mehr jeden Tag Fleisch essen.
Das wird ja sonst zu teuer. Das ist aber gar nicht so schlecht, sondern sogar gesund. Wenn man Fleisch isst, soll es etwas Besonderes sein und lecker.

Warum soll ich für Bio-Fleisch mehr bezahlen?
- die Tiere haben ein gutes Leben
- das Fleisch schmeckt besser
- das Fleisch ist ohne Medikamenten·reste
- ich kann mir nicht mehr so viel Fleisch leisten, das ist aber auch gesünder.

Es gibt immer mehr Bio-Fleisch und Bio-Wurst in Supermärkten. Noch mehr Auswahl hat natürlich der Bio-Supermarkt. Sie können auch bei Ihrem Metzger nach Bio-Fleisch fragen.

© mrohana / Getty Images / iStock

Spaghetti Bolognese

Spaghetti Bolognese
Zutaten und Hilfs•mittel

Zutaten: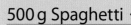

4 Personen

500 g Spaghetti

1 Ess•löffel Salz

6 Blätter Basilikum

400 g Hack•fleisch

1 Schnaps•glas Oliven•öl

4 Karotten

1 Zwiebel

2 Esslöffel Tomaten•mark

1 Dose gehackte Tomaten

2 Knoblauch•zehen

1 Glas Wein (200 ml)

1 Tee•löffel Paprika•pulver (süß)

1 Tee•löffel Oregano

1 Tee•löffel Pfeffer

1 Tee•löffel Salz

1 Tee•löffel Gemüse•brühe

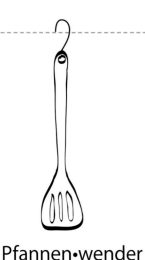

Pfannen•wender

Koch•löffel

Ess•löffel

Tee•löffel

Schäl•messer

Mess•becher

Nudel•sieb

Schneide•brett und Messer

Topf

Pfanne

Zubereitung
Abschnitt A – Vorarbeit

Schritt 1

Karotten mit dem Schäl·messer **schälen**.

Schritt 2

Karotten in kleine Stücke **schneiden**.

Schritt 3

Die **Zwiebel schälen.**

Schritt 4

Die **Zwiebel** in kleine Stücke **schneiden.**

Schritt 5

Knoblauch schälen.

Schritt 6

Knoblauch in kleine Stücke schneiden.
So klein wie möglich.

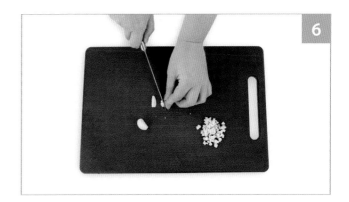

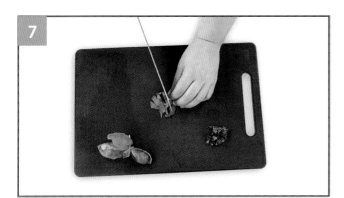

Schritt 7

Basilikum•blätter in kleine Stücke
schneiden.

Zubereitung
Abschnitt B – Nudeln kochen

Schritt 8

Einen **großen Topf** zu
¾ mit **Wasser** füllen.

Schritt 9

Herd auf volle Hitze.

Schritt 10

1 **Ess•löffel Salz** ins Wasser geben.

Schritt 11

Wenn das **Wasser kocht**,
Nudeln ins Wasser geben.

Schritt 12

Herd auf ¾ **Hitze**.

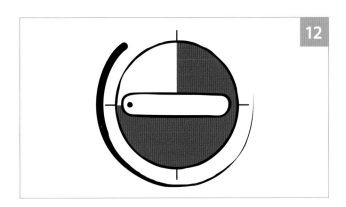

Schritt 13

Nach 8 bis 10 Minuten sind die
Nudeln fertig.
Den Topf•inhalt in ein Nudel•sieb
in die Spüle kippen.

Zubereitung
Abschnitt C – Die Soße machen

Schritt 14

Pfanne auf den Herd.

1 Schnaps•glas **Oliven•öl** in die Pfanne geben.

Schritt 15

In die Pfanne:

- Zwiebel•stücke

Schritt 16

Herd auf **volle Hitze.**

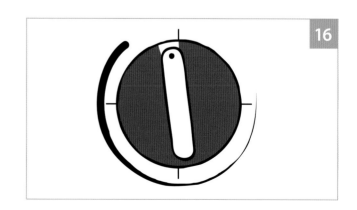

Schritt 17

Alles gut **umrühren.**

Dann in Pfanne geben:

- Knoblauch•stücke
- Karotten•stücke
- 400 g Hack•fleisch

Schritt 18

Alles gut **umrühren** bis das Fleisch gut angebraten ist.

Schritt 19

Dann den **Wein** in die Pfanne geben.

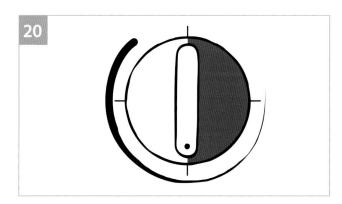

Schritt 20

Herd auf **halbe Hitze.**

Schritt 21

Alles gut **umrühren.**

Schritt 22

Dann **in die Pfanne** geben:

- gehackte Tomaten
- Tomaten•mark
- Paprika•pulver
- Oregano
- Pfeffer
- Gemüse•brühe
- Salz
- Basilikum

Schritt 23

30 Minuten auf dem Herd lassen, immer wieder **umrühren.**

Schritt 24

Fertig.

Enten•brust

mit gefüllten Kartoffel•knödeln und Rot•kraut

Enten·brust
Zutaten und Hilfs·mittel

Zutaten:

4 Personen

2 Enten·brüste

1 Glas Rot·wein (200 ml)

4 kleine Zweige Rosmarin

2 Zwiebeln

1 Glas Geflügel·fond

1 Messer·spitze Salz

1 Messer·spitze
Paprika·pulver edel·süß

½ Messer·spitze Pfeffer

½ Tee·löffel Thymian

etwas Mehl

2 Ess·löffel Pflanzen·öl

200 g Berg·käse

1 Packung Kartoffel·knödel
halb&halb

200 g gemahlene Hasel·nüsse

1 Bund Petersilie

1 Glas Rot·kraut

2 Lorbeer·blätter

1 Apfel

½ Tee·löffel Salz

½ Tee·löffel Pfeffer

1 Tee·löffel Zimt

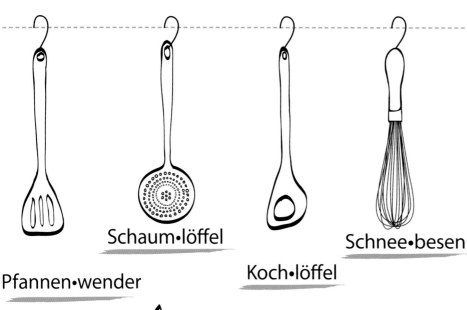

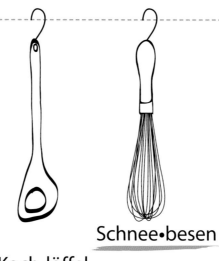

Pfannen·wender

Schaum·löffel

Koch·löffel

Schnee·besen

Schneide·brett
und Messer

Schäl·messer

Ess·löffel

Pfanne

Tee·löffel

Großer Teller

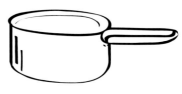

Schüssel

Kleiner Topf

Großer Topf

Zubereitung
Abschnitt A – Vorarbeit

Schritt 1

Zwiebeln schälen und in **kleine Stücke** schneiden. So klein wie möglich.

Schritt 2

Apfel mit dem Schäl•messer **schälen.**

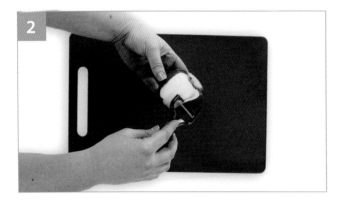

Schritt 3

Den Apfel in **Schnitze teilen**.

Schritt 4

Das **Kern•gehäuse** vorsichtig
heraus•schneiden.

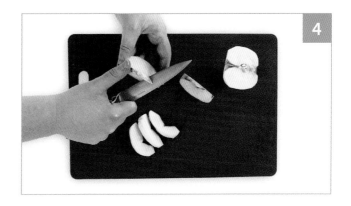

Schritt 5

Apfel•schnitze in kleine Stücke
schneiden.

Schritt 6

Petersilie in kleine Stücke **schneiden**.
So klein wie möglich.

Schritt 7

Den **Käse** in kleine **Würfel** schneiden.
So groß wie Spiel•würfel.

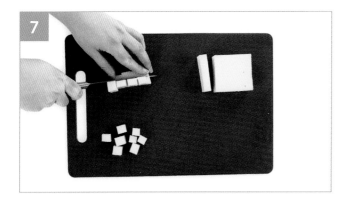

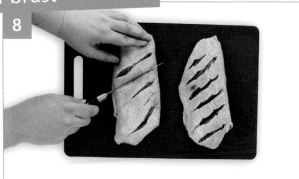

Schritt 8

Die **Enten·brust** an der Haut·seite **einschneiden**.

Schräge Streifen in die Haut schneiden. Bis ins rote Fleisch schneiden.

Schritt 9

Dann **quer** zu den ersten Streifen schneiden, so dass es ein Viereck-Muster wird.

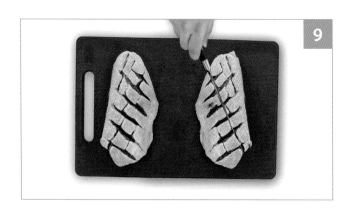

Schritt 10

Hasel·nüsse und **Petersilie** auf einen Teller geben.

Schritt 11

Beides gut **vermischen**.

Zubereitung
Abschnitt B – Die Ente braten

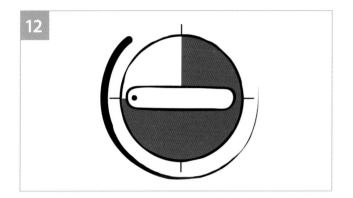

Schritt 12

Herd auf ¾ Hitze.

Schritt 13

Pfanne auf den Herd stellen.
Wir brauchen hier kein Öl.
Das Fett aus der Enten•haut reicht aus.

Schritt 14

Die **Enten•brust in die Pfanne** legen.
Die Haut•seite nach unten.

Schritt 15

Die Ente braten bis die Unter•seite **knusprig braun** ist.

Schritt 16

Dann die Ente **wenden** und **kurz** von der anderen Seite anbraten.

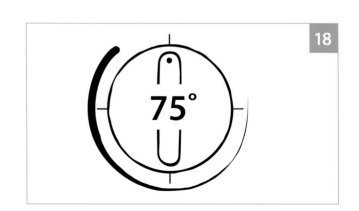

Schritt 17

Das Fett aus der Pfanne in einen kleinen Topf gießen.

Das Fett brauchen wir später für die Soße.

Schritt 18

Die Ente bei 75 °C im Ofen warm•halten.

Schritt 19

Den **Knödel·teig** anrühren, wie es **auf der Packung** steht.

Schritt 20

1 Topf mit ¾ Wasser auf den Herd.

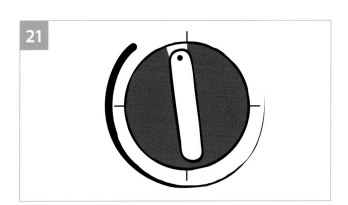

Schritt 21

Herd auf volle Hitze.

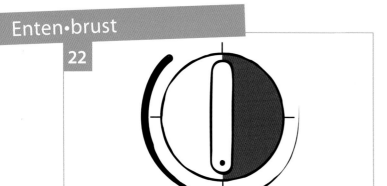

Schritt 22

Wenn das **Wasser kocht**,
Herd auf ½ Hitze.

Schritt 23

Teig für 1 Knödel in der Hand zu
einer **Kugel formen**.

Dann mit dem Daumen ein **Loch
in die Teig·kugel** drücken.

Schritt 24

In die Delle einen **Käse·würfel** legen.

Schritt 25

Das **Loch verschließen**.

Schritt 26

Den Knödel nochmal
schön **rund formen**.

Schritt 27

Knödel in den Topf geben.

Schritt 28

Die Knödel 8 Minuten im Topf lassen.
Dann mit dem **Schaum•löffel aus
dem Wasser holen**.

Schritt 29

Die Knödel in der **Hasel•nuss-
Petersilien-Mischung wälzen**, bis
die Knödel ganz bedeckt sind.

Zubereitung
Abschnitt D – Das Rot•kraut zubereiten

Schritt 30

1 Ess•löffel Öl in den
kleinen Topf geben.

Schritt 31

Herd auf ¾ Hitze.

Schritt 32

Die Apfel•stücke in den
kleinen Topf geben.

Schritt 33

1 **Tee•löffel Zimt** dazu•geben.

Schritt 34

Alles gut **umrühren**, bis die Äpfel leicht angebraten sind.

Schritt 35

Dann das **Rot•kraut** dazu•geben.

36

Schritt 36

Herd auf halbe Hitze.

Schritt 38

Alles gut **umrühren**.

38

39

Schritt 39

Dazu•geben:

- 2 Lorbeer•blätter
- ½ Tee•löffel Salz
- ½ Tee•löffel Pfeffer

Schritt 40

Immer wieder **umrühren**, und für ca. 20 Minuten stehen lassen.

40

Schritt 41

In den **Topf mit dem Enten•fett** die **Zwiebeln** geben.

Schritt 42

Herd auf ¾ Hitze.

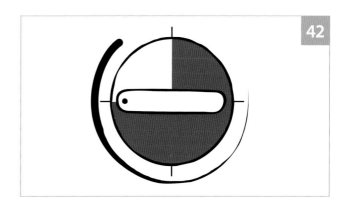

Schritt 43

Die Schalotten anbraten **bis sie braun** werden.

Schritt 44

Den **Rot•wein** dazu•geben.

Schritt 45

Alles gut umrühren.

Schritt 46

Dazu•geben:

- ½ Tee•löffel Tymian
- die Blätter von 1 Rosmarin•zweig
- 1 Glas Geflügel•fond
- 1 Messer•spitze Salz
- 1 Messer•spitze Paprika•pulver edel•süß
- ½ Messer•spitze Pfeffer

Schritt 47

Alles gut umrühren.
10 Minuten auf dem Herd lassen.

Schritt 48

Die Soße **durch ein Sieb**
in einen anderen Topf gießen.

Schritt 49

Den Topf auf den Herd stellen.

Schritt 50

Herd auf ¾ Hitze.

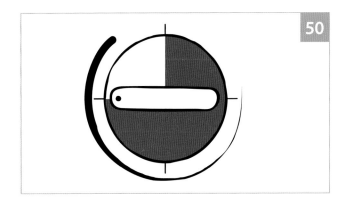

Schritt 51

Stück für Stück **etwas Mehl** in
der Soße **verrühren**, bis die Soße
dick•flüssig genug ist.

Fertig.

Den Kühl•schrank richtig einräumen

Ein Kühl•schrank hat verschiedene Fächer.
Die Fächer sind verschieden kalt.
Für jede Art Lebens•mittel gibt es
einen besonderen Platz.
So halten die Lebens•mittel auch länger.
Ganz unten: Das Gemüse•fach

Ganz unten im Kühl•schrank ist das Gemüse•fach

Es sind meistens 2 Schubladen.
Eine Schublade für Obst,
eine Schublade für Gemüse.

Noch ein Tipp:
Kartoffeln und Tomaten
gehören nicht in den Kühl•schrank.
Sie schmecken dann nicht mehr so gut.
Bananen werden im Kühl•schrank
schneller braun.

Das untere Fach im Kühl•schrank

Über dem Gemüse•fach ist es am
kältesten. Das ist gut für schnell
verderbliche Lebens•mittel,
wie Fisch, Fleisch und Wurst.

Das mittlere Fach im Kühl•schrank

Ins mittlere Fach gehören Milch und
Milch•produkte, wie etwa Sahne,
Quark und Joghurt, außer Butter.

Die obere Ablage im Kühlschrank

Hier ist es am wärmsten. Wenn die Butter
hier steht, kann man sie leichter
streichen. Außerdem ist hier ein guter
Platz für Marmelade, Senf, Soßen
und für Essens•reste.

Die Tür vom Kühl•schrank

Auch in der Tür vom Kühl•schrank
ist es wärmer.
Manchmal gibt es ein Butter•fach.
Dann kann die Butter hierher.
Es gibt auch ein extra Eier•fach.
Hier ist auch ein guter Platz für Flaschen.
Einen Kühl•schrank richtig einräumen ist
nicht schwer.
Die Lebens•mittel halten länger.
Der Kühl•schrank soll auch nicht zu voll
sein. Sonst findet man am Ende das
Essen nicht mehr.

Saisonal und regional einkaufen

Es gibt viele Gründe saisonal und regional einzukaufen.

Aber was heißt das denn genau: saisonal und regional?

Regional kommt von Region. Es bedeutet, dass man Obst und Gemüse vor allem aus der Region kaufen soll.

Saisonal kommt von Saison. Das kennen viele vom Fuß•ball. Saison ist beim Fuß•ball die Zeit, in der gespielt wird. Wenn keine Saison ist, hat der Fuß•ball Pause. Im Winter ist es zu kalt, im Sommer zu heiß.

Ähnlich ist es auch mit Obst und Gemüse. Obst und Gemüse werden zu bestimmten Zeiten geerntet. Dann haben sie Saison. Manche Sorten können nach der Ernte im Lager aufbewahrt werden.

Warum sollte man also saisonal und regional kaufen?

Es schmeckt besser. Das merkt man besonders gut zur Erd•beer•zeit. Vorher bekommt man schon Erd•beeren zu kaufen. Die kommen aus Ländern im Süden und mussten lange transportiert werden. Die Erd•beeren schmecken nicht so gut, wie die Frischen, die ein paar Wochen später hier wachsen. Und wer schonmal Tief•kühl-erd•beeren probiert hat, weiß auch, dass die nicht so gut schmecken.

Weniger Transport bedeutet auch weniger Umwelt•verschmutzung.

Außerdem hat so jede Jahreszeit auch ihren eigenen Geschmack. Erdbeeren im Frühling, Kürbis im Herbst, Äpfel und Nüsse im Winter. Das passt doch schon sehr gut zusammen, oder?

Mehr Infos haben auch die Verkäufer im Bio-Supermarkt.

Saison·kalender Obst

Im Sommer gibt es viel verschiedenes Obst. Im Winter gibt es fast nur Äpfel. Wer im Winter auch anderes Obst kauft, sollte auf das Fair-Trade-Siegel achten (siehe Seite 36).

Jan.	Feb.	März	Apr.	Mai	Juni	Juli	Aug.	Sept.	Okt.	Nov.	Dez.
Apfel	Apfel	Apfel	Apfel	Apfel			Apfel	Apfel	Apfel	Apfel	Apfel
					Aprikose	Aprikose	Aprikose				
							Birne	Birne	Birne	Birne	Birne
					Heidel·beeren	Heidel·beeren	Heidel·beeren				
						Brom·beeren	Brom·beeren	Brom·beeren			
				Erd·beeren	Erd·beeren	Erd·beeren					
					Him·beeren	Him·beeren	Him·beeren				
					Johannis·beeren	Johannis·beeren	Johannis·beeren				
					Kirschen	Kirschen					
						Mirabellen	Mirabellen	Mirabellen			
						Pflaumen	Pflaumen	Pflaumen			
								Quitten	Quitten	Quitten	
			Rhabarber	Rhabarber	Rhabarber						
					Stachel·beeren	Stachel·beeren	Stachel·beeren				
							Wasser·melonen	Wasser·melonen	Wasser·melonen		
								Wein·trauben	Wein·trauben	Wein·trauben	
						Zwetschgen	Zwetschgen	Zwetschgen	Zwetschgen		

Saison•kalender Gemüse

Im Sommer gibt es viel verschiedenes Gemüse.
Aber auch im Winter gibt es mehr Auswahl, als man denkt.
Viele Sorten kann man auch das ganze Jahr kaufen. Im Frühling gibt es am wenigsten frisches Gemüse. Die Lager sind leer und frisches Gemüse muss erst noch wachsen.

	Jan.	Feb.	März	Apr.	Mai	Juni	Juli	Aug.	Sept.	Okt.	Nov.	Dez.
Aubergine							■	■	■	■		
Blumen•kohl					■	■	■	■	■	■		
Bohnen, grüne							■	■	■	■		
Brokkoli						■	■	■	■	■		
Champignons	■	■	■	■	■	■	■	■	■	■	■	■
Erbsen						■	■					
Gurke / Salat•gurke						■	■	■	■	■		
Kartoffeln	■	■	■	■	■	■	■	■	■	■	■	■
Kohlrabi					■	■	■	■	■	■		
Kürbis	■							■	■	■	■	■
Lauch	■	■	■	■	■	■	■	■	■	■	■	■
Frühlings•zwiebeln					■	■	■	■	■	■		
Mais								■	■	■		
Möhren / Karotten	■	■	■	■	■	■	■	■	■	■	■	■
Paprika							■	■	■	■		
Pastinaken	■	■	■							■	■	■
Radieschen					■	■	■	■	■	■		
Rosen•kohl	■	■	■							■	■	■
Rote Bete	■	■	■	■	■				■	■	■	■
Rot•kohl	■	■	■	■	■	■	■	■	■	■	■	■
Spargel				■	■	■						
Spinat			■	■	■				■	■	■	■
Stauden•sellerie							■	■	■	■		
Tomaten							■	■	■	■		
Zucchini						■	■	■	■	■		
Zwiebeln	■	■	■	■	■	■	■	■	■	■	■	■

Danksagung

Als Wissenschaftsverlag freut es uns, dieses Kochbuch auf den Weg bringen zu können. Es ist mit unglaublich viel Engagement und Einsatz aller Beteiligten entstanden.

Bei der Lebenshilfe Heidelberg e.V. danken wir den Köchen Carolin Schweikart, David Bota, Karl-Heinrich Elfner, Jan Berger, die in unzähligen Kochrunden die Umsetzbarkeit der Rezepte überprüft haben. Steffen Schwab vom Büro für Leichte Sprache (der Lebenshilfe

Heidelberg e.V.) gilt unser Dank für die Organisation vor Ort und vor allem für die Übersetzung der Rezepte und Anleitungen in Leichte Sprache. Dass diese Gemeinschaftsarbeit überhaupt zustande kam, verdanken wir Thomas Diehl, Vorstand der Lebenshilfe Heidelberg e.V., der das Projekt angestoßen hat und Bettina Bauer-Teiwes, Leitung Offene Hilfen, für die Koordinierung des Projekts. Sie hat mit allen Beteiligten die Idee mit sehr viel Ausdauer verfolgt und uns die Möglichkeit gegeben, unsere gemeinsame Herzensangelegenheit in einem größerem Forum zu präsentieren. Natürlich braucht man bei einem Kochbuch fachkundige Produkt- und Ernährungsberatung, die dankenswerterweise Ulrike Geisser von Fair & Quer übernommen hat. Unser Dank gilt ebenso dem aus dem TV bekannten Koch Christian Rach, der dem Kochbuch ein persönliches Vorwort gegeben hat, verbunden mit der Ermunterung, sich am Herd auszuprobieren.

Von Seiten des Verlages danken wir allen Auszubildenden Medien-kaufleuten, Mediengestaltern und Groß- und Außenhandelskaufleuten von Springer Nature, die dieses Projekt in Eigenregie neben ihrer Ausbildung und der Berufsschule umgesetzt haben. Namentlich sind dies: D. Bayraktar, S. Cramer, L. Ficht, J. Griebl, S. Hummel, L. Kippenhan, L. Koch, M. Mummert, T. Ohler, C. Schlitt, E. Schmich, H. Teynor und J. Ullrich.

Der Fotosatz-Service Köhler GmbH danken wir für die unkomplizierte Hilfe bei der Bearbeitung der Abbildungen. Ohne die Unterstützung von Dr. Niels Peter Thomas und Michael Barton, die das Projekt abgesegnet haben, sowie allen Betreuern und Ausbildern, die unseren Auszubildenden jederzeit mit ihrem Fachwissen zur Seite standen, hätten wir diese gemeinschaftliche Erfahrung nie machen können.

Heidelberg, im Dezember 2017
Simone Groß

Impressum

Lebenshilfe Heidelberg e.V.
Heinrich-Fuchs-Str. 73
69126 Heidelberg
Telefon: 06221/339 23-0
E-Mail: gst@lebenshilfe-heidelberg.de
www.lebenshilfe-heidelberg.de

Autor: Steffen Schwab

ISBN 978-3-662-55653-5
eISBN 978-3-662-55654-2
https://www.springer.com/de/
book/9783662556535
Die Deutsche Nationalbibliothek
verzeichnet diese Publikation in der
Deutschen Nationalbibliografie;
detaillierte bibliografische Daten sind im
Internet über http://dnb.d-nb.de
abrufbar.

Planung: Elisa Schmich, Selma Hummel,
Magdalena Mummert, Sarah Cramer,
Tahnee Ohler, Helen Teynor,
Jasmin Ullrich
Umschlaggestaltung: Lucas Kippenhan,
Larissa Koch, Lucie Ficht
Gedruckt auf säurefreiem und chlorfrei
gebleichtem Papier.

Springer ist Teil von Springer Nature.
Die eingetragene Gesellschaft ist
Springer-Verlag GmbH Deutschland.
Die Anschrift der Gesellschaft ist: Heidel-
berger Platz 3, 14197 Berlin, Germany.